BEI GRIN MACHT SICH IHR WISSEN BEZAHLT

- Wir veröffentlichen Ihre Hausarbeit, Bachelor- und Masterarbeit

- Ihr eigenes eBook und Buch - weltweit in allen wichtigen Shops

- Verdienen Sie an jedem Verkauf

Jetzt bei www.GRIN.com hochladen und kostenlos publizieren

Sophie Houriez

Gesungene und gesprochene Aspekte in der Oper "L'incoronazione di Poppea"

Sprechgesang, eigentlicher Gesang, Liedgesang (vor der strikten Trennung von Rezitativ und Arie) – Wann „singen" Nerone und Poppea tatsächlich?

GRIN Verlag

Bibliografische Information der Deutschen Nationalbibliothek:

Die Deutsche Bibliothek verzeichnet diese Publikation in der Deutschen National-
bibliografie; detaillierte bibliografische Daten sind im Internet über http://dnb.d-
nb.de/ abrufbar.

Impressum:

Copyright © 2010 GRIN Verlag GmbH
Druck und Bindung: Books on Demand GmbH, Norderstedt Germany
ISBN: 978-3-656-23690-0

Dieses Buch bei GRIN:

http://www.grin.com/de/e-book/197400/gesungene-und-gesprochene-aspekte-in-
der-oper-l-incoronazione-di-poppea

GRIN - Your knowledge has value

Der GRIN Verlag publiziert seit 1998 wissenschaftliche Arbeiten von Studenten, Hochschullehrern und anderen Akademikern als eBook und gedrucktes Buch. Die Verlagswebsite www.grin.com ist die ideale Plattform zur Veröffentlichung von Hausarbeiten, Abschlussarbeiten, wissenschaftlichen Aufsätzen, Dissertationen und Fachbüchern.

Besuchen Sie uns im Internet:

http://www.grin.com/

http://www.facebook.com/grincom

http://www.twitter.com/grin_com

Universität Wien
Institut für Musikwissenschaft

Proseminar Claudio Monteverdis dramatisches Werk

„Sprechgesang, eigentlicher Gesang, Liedgesang (vor der strikten Trennung von Rezitativ und Arie) – Wann „singen" Nerone und Poppea tatsächlich? "

Von Sophie Houriez

Abgegeben: 31.Oktober 2010

Inhaltsverzeichnis:

1. Einleitung   01

2. Rezitativ im 17. Jahrhundert   02

3. Arie im 17. Jahrhundert   03

4. Inhalt der Oper   04

5. Gesungene Passagen innerhalb des Rezitativs   05

6. Zusammenfassung   09

7. Bibliographie   10

1. Einleitung

In diesem Seminar haben wir uns näher mit Monteverdis dramatischem Werk befasst. Unser Schwerpunkt lag hierbei auf den Opern *L'Orfeo, Il Ritorno d'Ulisse* und *L'incoronazione di Poppea*. Zudem haben wir uns auch mit der Madrigalkunst Monteverdis sowie der Bedeutung Monteverdis als Opernkomponist heute beschäftigt.

Die Oper *L'incoronazione di Poppea*, mit der ich mich in dieser Arbeit beschäftigen werde, wurde zum ersten Mal in der Karnevalsaison 1642-43 in Venedig uraufgeführt. Das Libretto hierzu hatte Giovanni Francesco Busenello geschrieben, und die Musik wird Monteverdi zugeschrieben, obwohl es immer wieder Zweifel gibt, ob diese Oper nun wirklich von ihm stammt. Es gibt zudem auch keine Originalpartitur, sondern nur zwei Kopien ungefähr aus dem Jahre 1650, die sich zudem sehr voneinander unterscheiden.

In meiner Arbeit nun werde ich näher auf die gesungen und gesprochenen Aspekte in der Oper *L'incoronazione di Poppea* eingehen. Das Besondere hierbei ist, dass es in der Oper neben dem Gesang, sprich der Arie, und dem Sprechgesang, dem Rezitativ, auch noch gesungene Passagen innerhalb des Rezitativs gibt. Wann und wieso das Phänomen nun auftritt, werde ich im Folgenden ausführlicher erläutern, und unter dem Geschichtspunkt: *„Sprechgesang, eigentlicher Gesang, Liedgesang (vor der strikten Trennung von Rezitativ und Arie) – Wann „singen" Nerone und Poppea tatsächlich?"* untersuchen.

Um dies näher zu erläutern, werde ich kurz zusammenfassen, was eine Arie und ein Rezitativ speziell ausmacht, wieso nun in dieser Oper einige der Elemente miteinander vermischt sind und zudem auch noch auf welche Art und Weise Monteverdi dies darstellt.

2. Rezitativ im 17. Jahrhundert

Unter dem Begriff Rezitativ (aus dem Italienischen stammend: *recitare* = vortragen) versteht man einen Sprechgesang, genauer gesagt eine tonlich gehobene Art des Sprechens, die man als feierliche Deklamation beschreibt.

Eine Orientierung fand das Rezitativ an der Monodie des griechischen Dramas, das ein Sologesang mit Kitharbegleitung war. Aufgrund mangelnder Kenntnisse der griechischen Monodie entstand nun um 1600 ein neuer Sprechgesang mit zeitgemäßer Generalbassbegleitung. Die Generalbassbegleitung dient dabei als Grundlage für eine freie Entfaltung der Stimme, die sich zudem leicht nach den Sängern richten konnte.[1]

In der Frühzeit des Rezitativs unterscheidet man beim Rezitativ drei verschiedene Stilarten:

1. *Stile narrativo* (erzählender Stil): dieser Stil ist ohne Aktion und schlicht. Die Melodik orientiert sich an der sprachlichen Syntax. Die Harmonik bleibt in Teilstrecken oder aber auch länger gleich und wechselt erst mit einer neuen Idee.

2. *Stile recitativo* (vortragender Stil): darunter versteht man jeden gehobenen Sprechgesang.

3. *Stile rappresentativo* (darstellender Stil): schildert affektreich die Gemüts- und Seelenzustände der Hauptpersonen. Dieser Stil ist ziemlich ausdrucksstark und ähnelt dem des Solomadrigals, in dem die theatralischen Gesten, der Dialog und die dramatische Bühnenaktion Ausdruck finden. Dieser Stil ähnelt oft dem Arioso manchmal sogar bis hin zu einer Art der frühen Opernarie.

Im weiteren Verlauf verlagert sich jedoch die Affektdarstellung nun in die Arie, und dem Rezitativ kommt die Aufgabe zu, die Handlung voranzutreiben.

---

[1] Michels, Ulrich: dtv-Atlas Musik, Band 1, Musikgeschichte von den Anfängen bis zur Renaissance, Bärenreiter-Verlag Kassel, 2000, S.145

3. Die Arie im 17. Jahrhundert

In der ersten Hälfte des 17. Jahrhunderts gab es schon erste Vorstufen für die Arie als geschlossene musikalische Form im Gegensatz zur rezitativischen Deklamation. Wichtig für diese Form sind nun Wiederholungsstrukturen, die man später als Ritornellformen oder als zyklische A-B-A Struktur (alte, liedhafte Form) wiederfinden wird. Ansätze dazu findet man auch schon in Opern Monteverdis und vielen seiner Zeitgenossen.

Ausschlaggebend für die Entwicklung der Arie war die Neuorientierung an der italienischen Lyrik, in Form einer Loslösung von der mottetisch-madrigalen Kompositionsart, in welcher jeder Textgedanke einem neuen musikalischen Gedanken zugeordnet wurde. Nun trat eine neue Strophenform mit kurzen und prägnanten Versen mit regelmäßiger Akzentstruktur und periodischer Binnengliederung hervor.[2]

Weiterhin maßgeblich war auch die überkommene Rezeptionspraxis aus dem 16. Jahrhundert, in welcher man lyrische und epische Texte mit Hilfe von vorgegebenen Modellen musikalisch sowie frei improvisierend vortrug.

Es formten sich nun Modelle wie: *Aria per cantar Sonetti, Aria da cantar Ottave* (in diesen gibt es nur einen akkordischen Stützbass, der durch die Instrumentalbegleitung gespielt wird.) Dann gab es noch die *Aria di Romanesca bzw. die Aria di Ruggiero,* diese bildeten das instrumentale Strophengerüst für freie sängerische Erfindungen. Hier entsteht auch die nun Streitfrage der Arienbildung, ob die Formgebung durch den Text oder durch den Instrumentalsatz vorgegeben wird. Weiterhin gab es auch noch Tanzarien, die mal als Canzonetta, Villanella oder Gagliarde bezeichnete.

Claudio Monteverdi ist der erste, der eine Arienform in seine Opern integriert, so verwendet er in seiner Oper *L'Orfeo* drei Arien, die der neuen Vorgabe entsprachen, das heißt, strophische Komposition auf wiederholender Bassmelodie, regelmäßiger Periodik und rhythmischer Struktur darstellen.

---

[2] Leopold, Silke. Art.: Arie II. 17.Jahrhundert. In: *Musik in Geschichte und Gegenwart*, 2. Auflage, hersg.: Ludwig Finscher, Sachteil, Bd. 1/2 , Kassel u..a.: Bärenreiter, 1994, Sp. 813-816

Die Arien variierten zwischen ein-, zwei- oder dreiteiliger Form und kamen im Dreier-, wie auch im Vierer-Takt vor. Hier gab es jedoch auch eine Mischform aus offener Deklamation und arienhafter Geschlossenheit. Am Ende des 17. Jhd. Fusionierten mehrere Formen, sprich die zyklische Dreiteiligkeit der A-B-A Form sowie die Ritornellanlage und verbanden sich mit einer neuen sängerischen Virtuosität zur sogenannten Da-capo-Arie.

4. Inhalt der Oper

Nerone ist den Reizen von Poppea verfallen, die jedoch mit Ottone verheiratet ist. Dieser aber weiß Bescheid über das intime Verhältnis von seiner Frau mit dem Kaiser. Ottavia, die Frau von Nerone, klagt über ihr verlorenes Eheglück und will sich die Unterstützung des Philosophen Seneca, des Volkes sowie des Senates Hilfe versichern.

Daraufhin hält Seneca Nerone den Unterschied von Macht und Machtmissbrauch vor Augen. Nerone jedoch befiehlt Seneca den Selbstmord, da er versucht, alles was seiner Liebe im Weg steht, zu beseitigen. Poppea nutzt Nerones Schwäche für ihren eigenen Aufstieg. Es folgt ein missglückter Mordanschlag Ottones und seiner Komplizin Drusilla auf Poppea, die daraufhin beide verbannt werden. Nerone setzt sich über jede Staatsräson hinweg, verstößt Ottavia (seine Frau) und ernennt Poppea zur neuen Kaiserin.

Die Voraussage, die im Prolog gemacht wird, dass Vernunft und Moral gegen Macht und Liebe nichts ausrichten können, hat sich bewahrheitet.

5. Gesungene Passagen innerhalb des Rezitativs

Bevor ich nun auf den gesungenen und gesprochenen Stil in der Poppea eingehe, werde ich zunächst einen kurzen Überblick über die Musik-Text-Beziehung bei Monteverdi geben, speziell in der *L'incoronazione di Poppea*. Monteverdi versuchte in seinen dramatischen Werken ein zentrales Augenmerk auf die Musik-Text-Beziehung zu legen; die größte Herausforderung bestand darin die unterschiedlichen Bedeutungen von Gesang und Sprache zu erkennen und zu nutzen, denn hierbei musste die semantische Ausprägung des Textes mit der ausdrucksstarken Wirksamkeit von Musik verbunden werden. In *L'incoronazione di Poppea* stellt einen Höhepunkt in Monteverdis Text- Musik-Beziehung dar. Der Text wird durch die Musik ausgemalt, symbolisiert, repräsentiert und teilweise sogar ersetzt. Gesamt betrachtet, gibt es in der ganzen Oper nur wenige Stellen, bei denen die Musik nicht auf gewisse Weise mit dem Text assoziiert werden kann.

Zur Zeit Monteverdis gab es noch keine formale Differenzierung zwischen den Rezitativen und Arien. Ein wichtiger Punkt für die ihre Unterscheidung ist der Rhythmus. Für die Figuren der Ammen sowie des Valletto und der Damigella benutzt Monteverdi einen sehr regelmäßigen Rhythmus und erzeugt damit eine ganz unrezitativische Stimmung. Dies lässt sich aber auch dadurch erklären, dass es hier nicht um Arien handelt, sondern um komische Rollen, die in der Nähe von Tanzmusik stehen.[3]

In den verschiedenen Versionen/Ausgaben gibt es unterschiedliche und weitreichendere Bezeichnungen für Arie und Rezitativ; so gibt es auch noch: Arioso, Aria, Passacaglia und Canzonetta. Monteverdi macht jedoch von vielen verschiedenen Möglichkeiten der Affektdarstellung Gebrauch und verwendet hauptsächlich den *stile rappresentativo* und entwickelt auch noch den erregten *stile concitato*.[4]

Monteverdi, der hauptsächlich Madrigalist und Musikdramatiker war, achtete in seiner Musik, wie oben schon erwähnt, sehr auf einzelne Worte und versuchte diese auch musikalisch darzustellen, wie z.B.: lachen (*ridere*), weinen (*piangere*), singen (*cantare*), etc. Einzelne

---

[3] Vgl. Schwob, Rainer: *Claudio Monteverdis "L'incoronazione di Poppea" im 20. Jahrhundert* , Diss. Universität Wien 2003, S. 88

[4] Michels, Ulrich: dtv-Atlas Musik, Band 2, Musikgeschichte vom Barock bis zur Gegenwart. Bärenreiter-Verlag Kassel, 2000, S. 337

Wörter werden mit Musik ausgeschmückt, die entsprechende Gefühle hervorrufen, wie z.B.: Wut (*furor*), süß (*dolce*) und traurig (*funeste*).

Ein Beispiel dazu findet man im ersten Akt, sechste Szene beim Valletto (*s. Abb.*). Hier verändert Monteverdi das Vierer-Metrum in ein Dreier-Metrum und kreiert damit einen Arien-ähnlichen Stil. Zudem wirkt die Stelle durch die Wiederholung des Wortes „*e son canzoni*" (und sind

Lieder) schwunghaft und liedhaft wodurch zudem die poetische Form der Rede des Valletto unterstrichen wird.

Im Allgemeinen lässt sich sagen, das der Arienstil mit Gesang assoziiert wird und der rezitativische Stil mit Rede und Gesprochenem:

- Der gesungene Stil ist gemächlich, ausgedehnt und kontrolliert, hat eine geregelte Harmonie, Rhythmus und Melodie. Charakteristisch für diese lyrischen Passagen sind Wortwiederholungen, Deformierungen der Textformen und die Aufspaltung von Phrasen in viele kleine Fragmente.

- Dagegen ist der gesprochene Stil eher spontan, überspannt und unbegrenzt und hält sich an den Rhythmus und die Betonung des Textes, er ist eher an den Textfluss an sich gekoppelt und hat nicht mehr viel mit Gesang zu tun.

Die beiden Stile gehen nahtlos ineinander über, überlagern sich sogar manchmal, beziehungsweise kann es auch in Arien eher gesprochene Zeilen geben und in Rezitativen eher gesungene Zeilen. Das Übereinanderlagern von gesungenem und gesprochenem Stil ist meist ein Konstrukt von Spannung und Konflikt, dabei lassen sich die Sänger gegenseitig nicht aussprechen oder aussingen. Monteverdi hat dies selbst in die Oper eingefügt, denn die Unterbrechungen sind im Libretto nicht zu finden.

Ein Wechsel nun von einem Stil in den anderen wird nicht durch den Text hervorgerufen, sondern durch die Gefühle der Personen. Dies beginnt bei einfachen ein- bis zweizeiligen Versen, kann sich jedoch auch bis hin zu Ariosi und Arien entwickeln. Ellen Rosand formuliert dies so:

> *"Whether a character 'speaks'(declaims) or 'sings' (in aria style) depends on his mood more than on the poetic form of his word."* [5]

Die Charaktere singen beispielsweise, weil sie extrem glücklich sind oder weil sie sich enthusiastisch fühlen, aber auch wenn sie eifersüchtig oder wütend sind.

Um hier ein Beispiel anzuführen, eignet sich besonders die Figur der Ottavia, da diese eifersüchtig auf Poppea ist und nun ihre Eifersucht nicht mehr unter Kontrolle hat, deshalb bricht sie während des Rezitativs aus ins Singen. Hierbei ändert sich nun das Metrum, wenn sie sich ihre rhetorische Frage, wo Nero denn stecke, beantwortet, das mit „*in braccio di Poppea*" (in den Armen der Poppea) beantwortet und wiederholt und zudem auch noch in der Tonhöhe ansteigt (s.Abb.).

---

[5] Rosand, Ellen. Monteverdi´s Mimetic Art. L´incoronazione di Poppea. In: *Cambridge Opera Journal*, Vol 1, Nr. 2, Cambridge: University Press, 1989, p. 121

Nach dieser Steigerung fällt sie wieder zurück in ihr Selbstmitleid, und auch das Metrum wird wieder normal, wie zu Beginn des Rezitativs. Jedoch währt dieses Selbstmitleid nur kurz, sie steigert sich wieder in ihre Eifersucht hinein und verflucht Jupiter für seine Unfähigkeit, dass er Nerone nicht mit „fulmini" (Blitzen)

vernichtet hat. Hier ändert sich nun nicht das Metrum, aber dafür gipfelt dies in der Wiederholung der absteigenden Ligaturen mit dem Wort „fulmini".

Bei Nerone jedoch spielt noch ein anderer Faktor eine Rolle, er ist nach antiker Überlieferung auch Sänger, und deshalb kommt es bei ihm öfter vor, dass er in den Rezitativen ins Singen verfällt, wie man an folgendem Beispiel sieht:

Auch hier wird der Wechsel zwischen Rezitieren und Singen durch einen Metrumwechsel verdeutlicht.

6. Zusammenfassung

Um abschließend nun wieder zu der Eingangsfrage: *„Sprechgesang, eigentlicher Gesang, Liedgesang – Wann „singen" Nerone und Poppea tatsächlich?"* zurückzukommen, habe ich im Laufe meiner Arbeit nun dargestellt, dass die Personen verschiedene Motive haben, während eines Rezitativs in Gesang zu verfallen.

Prinzipiell jedoch geschieht dies, wenn die Personen wegen ihrer Gefühlsausbrüche ein Ventil brauchen, um ihrem Ärger, ihrer Freude, etc. Ausdruck zu verleihen und sich danach wieder in einem normalen, kontrollierten Gefühlszustand befinden. Ein Wechsel in den einen oder anderen Stil hängt mit den Gefühlen zusammen, die die jeweilige Person empfindet, der gesagte Text ist nicht so ausschlaggebend wie das, was zwischen den Zeilen steht. Es kann aber auch vorkommen, dass die handelnden Personen noch gar kein bestimmtes Gefühl empfinden, sich aber selbst von einer bestimmten Empfindung überzeugen wollen: dabei führt ein Wechsel zum gesungenem Stil zu einem Wechselspiel zwischen Realität und Fiktion, Überzeugung und Täuschung, inneren Gefühlen und dem Auftreten nach außen hin.

Als Conclusio dieser Arbeit lässt sich sagen, dass Monteverdi das Verfallen des einen Stils in den anderen nicht willkürlich einsetzt, sondern dem Sprechen und Fühlen eines jeden Menschen angepasst, denn wer hebt nicht die Stimme, wenn er wütend ist, wenn er sich stark aufregt oder seinen Gefühlen freien Lauf lassen will? Für mich sind diese Wechsel leicht nachvollziehbar, und man sollte dieses Phänomen eigentlich auch noch in seinen anderen Opern verfolgen, ob es dort ähnlich ist, erste Ansätze gibt oder es noch gar nicht vorkommt.

7. Bibliographie

Leopold, Silke. Art.: Arie II. 17.Jahrhundert. In: *Musik in Geschichte und Gegenwart*, 2. Ausfabe, hrsg von.: Ludwig Finscher, Sachteil, Bd. 1/2 , Kassel u.a.: Bärenreiter, 1994, Sp. 813-816

Michels, Ulrich: dtv-Atlas Musik, Band 1, Musikgeschichte von den Anfängen bis zur Renaissance, Bärenreiter-Verlag Kassel, 1977

Michels, Ulrich: dtv-Atlas Musik, Band 2, Musikgeschichte vom Barock bis zur Gegenwart. Bärenreiter-Verlag Kassel, 1985

Rosand, Ellen. Monteverdi´s Mimetic Art. L´incoronazione di Poppea. In: *Cambridge Opera Journal*, Vol 1, Nr. 2, Cambridge: University Press, 1989, S. 113-137.

Schwob, Rainer. *Claudio Monteverdis „L´incoronazione di Poppea" im 20. Jahrhundert.* Diss, Wien, 2003.

Alle Notenbeispiele sind aus dem Text von Ellen Rosand übernommen.